Morgenlicht
und
Abendstern

Hell und Dunkel, Sonne und Mond, Wachen und Ruhen, Reden und Schweigen: Wir sind tiefer vom Tag-Nacht-Rhythmus geprägt, als wir uns dessen oft bewusst sind. Die Übergänge von der Tageshelle in die Dunkelheit und umgekehrt sind in ihrer Auswirkung für den Menschen ganz besondere Zeiten. Denn gewiss hängt viel davon ab, wie wir die Tür zum Tag öffnen und ob wir den Einbruch der Nacht im Frieden erwarten oder so, dass die Geschäfte des Tages uns noch in den Schlaf hinein verfolgen. Die Texte dieses Buches mit besonderem „Dreh" geben Anregungen, den Tag achtsam zu beginnen und ihn gelassen wieder aus der Hand zu geben.

Morgenlicht und Abendstern

Inspirationen zum Aufwachen und Ruhigwerden

herausgegeben von Martin Schmeisser

Eschbach

Mit Beiträgen von Otto Betz, Wilhelm Bruners, Wolfgang Dietrich, Bruno Dörig, Max Feigenwinter, Gottfried Hänisch, Wilma Klevinghaus, Antje Sabine Naegeli, Anton Rotzetter, Ernst Schlatter, Juliane Sobing, Christa Spilling-Nöker, Anne Steinwart, Pierre Stutz, Sabine Ullrich, Jörg Zink.

Bibliographische Information der Deutschen Bibliothek:
Die Deutsche Bibliothek verzeichnet diese Publikation in der Deutschen Nationalbibliographie; detaillierte bibliographische Daten sind im Internet über http://dnb.ddb.de abrufbar.

ISBN 3-88671-282-6

Im alten Rathaus / Hauptstr. 37
D-79427 Eschbach/ Markgräflerland

Umschlagbilder und Gestaltung: Ulli Wunsch, Wehr.
Satz: Schwabenverlag mediagmbh, Ostfildern.
Druck: Süddeutsche Verlagsgesellschaft Ulm.
Verarbeitung: Großbuchbinderei Spinner, Ottersweier.

BLICK FÜR DIE EINFACHEN DINGE

Unsere Neugier richtet sich verständlicherweise auf das Besondere und Außerordentliche. Wer kann sich schon abfinden mit dem üblichen Trott und der bis zum Überdruss bekannten und gewohnten Welt? Das Abenteuer muss woanders zu finden sein, das Glück wohnt sicher gerade da, wo wir nicht sind. – Aber die Frage ist, ob wir nicht offenere Augen für unsere Alltagswelt bräuchten, weil uns da Manches vor der Nase liegen mag, das es wert ist, liebevoller betrachtet und achtsamer wahrgenommen zu werden. „Lieben Sie, unvermindert, unabgelenkt, das Sichtbare, Gute, Einfache, Tägliche", schrieb Rahner Maria Rilke im September 1924 einer österreichischen Freundin. Das ist eine Aufforderung, die wir auch jeden Tag an uns selbst richten können.

Der uns zugewiesene Lebensbereich ist nicht nur das Segment der Welt, in dem wir unser Dasein verbringen sollen und unsere beruflichen Aufgaben zu verrichten haben, es ist auch der Ort, an dem wir unsere ganz persönliche Existenz verwirklichen können, wo uns die entscheidende Verantwortung abverlangt wird. Und diese Alltagswelt ist es auch, die es uns ermöglicht, unseren Lebensweg

als Glaubensweg zu gehen. Wenn zur menschlichen Existenz eine spirituelle Dimension gehört, dann ist sie nicht etwas Zusätzliches und Aufgesetztes, sie muss sich vielmehr als Teil der Grundbefindlichkeit des Menschen ausweisen. Es mag schon sein, dass sie bei dem einen Mmenschen deutlicher ausgeprägt ist als beim anderen, dass sie bei einem entfaltet wurde und beim anderen verkümmert blieb. Aber fehlen kann sie eigentlich bei keinem.

Vieles spricht dafür, dass sich die Ausdrucksformen des religiösen Lebens in unserer Zeit ändern. Aber auch in der Gegenwart werden die Menschen von existentiellen Fragen heimgesucht, verlangen sie nach sinnstiftenden Antworten, brauchen sie Phasen der Besinnung und Methoden der inneren Sammlung. Wir werden bei den Gegenwartsmenschen nicht allzuviel „bekennende Atheisten" finden, aber Skeptiker gibt es zuhauf, verunsicherte Gläubige, suchende Agnostiker. Viele werden Gott zwar nicht leugnen, aber sie fragen sich, ob alle die überkommenen Vorstellungen von Gott nicht unglaubwürdig geworden sind.

Hildegard von Bingen, die rheinische Äbtissin, die vor über achthundert Jahren gelebt hat, scheint auch in ihrer Zeit auf Skeptiker und Glaubens-

zweifler gestoßen zu sein, die ihr sagten: „Wo ist denn euer Gott, den wir niemals zu sehen bekommen?“ Diese Frage ging ihr nach, und sie hat sie wohl in ihr Gebet hineingenommen. Und sie hörte da eine Antwort. „Seht ihr Mich denn nicht Tag und Nacht? Seht ihr Mich nicht, wenn ihr sät und wenn die Saat aufgeht, von meinem Regen benetzt? Ein jedes Geschöpf strebt hin zu seinem Schöpfer und erkennt ganz klar, dass nur Einer es hervorgebracht hat. Nur der Mensch ist ein Rebell. Er zerreißt seinen Schöpfer in die Vielzahl der Geschöpfe.“

Hildegard will keine theologischen Beweise anführen, sie argumentiert nicht mit logischer Gedankenführung, sie will – als Anwältin Gottes – uns die Augen öffnen: Seid ihr eigentlich blind? Warum nehmt ihr nicht jeden Tag und jede Stunde die Wunder der Schöpfung wahr? Ihr seid es doch nicht, die Wachstum und Fruchtbarkeit bewirken. Ihr seid immer darauf angewiesen, dass sich im Rhythmus der Zeiten das neue Leben regt, dass sich die verausgabte Natur erholt, dass sich das Wasser wieder reinigt. Warum haltet ihr alle Wunder der Schöpfung für Selbstverständlichkeiten? Schaut doch hinter die Dinge, achtet auf das, was an Geheimnishaftem sich zeigt.

Hildegard war alles andere als eine naive Naturschwärmerin. In ihren Schriften kommt immer wieder auch die Sorge um die Schöpfung zur Sprache. Sie ist besorgt, weil sie beobachtet, dass die grünende Lebenskraft der Erde wegen des Irrwahns der verblendeten Menschenseelen verwelkt. Man möchte meinen, sie hätte schon unsere ökologischen Krisen und Umweltprobleme gekannt. Aber sie resigniert darüber nicht, sondern versucht das Ihre zu tun, die Schöpfung zu bewahren und die Menschen dafür zu gewinnen, im besseren Einverständnis mit den Kräften der Natur zu leben.

Dieses kleine Buch hat sich keine hochfahrenden Ziele gesetzt. Es will dabei helfen, zu einer größeren Aufmerksamkeit für das zu kommen, was vor unseren Augen liegt. Die Frömmigkeit, die wir heute brauchen, muss von einer selbstverständlichen Welthinwendung und Weltliebe geprägt sein. „Das sind glückliche Leute, die überall Gott vernehmen, überall Gott finden; diese Leute sind eigentlich religiös“, so hat es Novalis gesehen. Vielleicht sollten wir uns von ihm anregen lassen, all das, was uns widerfährt, als eine verborgene Botschaft aufzufassen.

Otto Betz

Morgenlicht

Aufwachen

Den Tag beginnen

Aufwachen

Jedes Erwachen
ist ein Neubeginn:

neu wahrnehmen
was vorher war
neu sehen hören riechen schmecken

für neues Wirken
neue Möglichkeit –
zu neuem Fehlen auch
und zum Verzeihen

So schüttle ab den Schlaf
des Todes Bruder ...

Als Erwachter tritt
in deinen Tag getrost
und voller Zuversicht
dass der dich weckte
dich geleiten wird

und sage Dank
dass diese Zeit
dir noch gegeben ist ...

Wilma Klevinghaus

Tief in mir
die Kraft des neuen Anfangs
der Morgen graut
ich spüre Licht
so will ich wieder leben.

Tief in mir
ein zartes Wort nur
ein Gruß von irgendwo
ich fühle deine Strahlen
du Sonne voller Hoffnung.

Tief in mir
der neue Klang
des Vogels Morgenlied
ich höre deine Stimme
Komm, nimm das Leben an.

Gottfried Hänisch

Wache auf, meine Seele

Vielleicht verschlafen wir unser Leben. Vielleicht verpassen wir die uns mögliche Lebendigkeit. Vielleicht sehen wir nie dem Morgen ins Gesicht. „Wache auf, meine Seele, wacht auf, Psalter und Harfe! Wecken will ich das Morgenrot!“

Aber ein Aufwachen, das nur mich und meine Seele betrifft, ist noch zu schwach. Ein All-Erwachen will sich ereignen. Alle Völker will es ergreifen. Die ganze Menschheit will es durchwogen, wie La Ola – die Welle –, die durch die Stadien wogt, wenn die Menschen hochgestimmt sind und sich ihre Freude gönnen. – Als die Menschen unrettbar, wie es schien, in Düsternisse versunken waren eines dreißigjährigen Krieges, hat ein Böhme, ein früheuropäischer Christ, geladen mit Energien des Friedens, hat Jan Amos Comenius angestiftet zu einem Morgenrot der Hoffnung, indem er sprach von der All-Erweckung.

Dem Morgen komme zuvor! Wecke ihn auf! Denn wer ist Gott? Er ist doch Der, von Dem alles Erwachen und alles Erwecken ausgeht. Der Allerwecker des Allerwachens. Der Psalter ist der Gesang des Erwachens, und die Harfe schlägt ihm die Saiten.

Wenn ich
zu wählen hätte.
Und was
läge uns näher,
als zu wählen?
Ist es nicht herrlich,
unaufhörlich
mit allen Sinnen
wählen
zu können?

Wenn ich
zu wählen hätte,
und sei es
ein kleines,
winziges Wort
oder Wörtchen.
Ich würde
dies wählen:
das Wörtchen
„wach“!

Wolfgang Dietrich zu Psalm 108, 2b

Bitte

Gott
Du bist Wort und Weisung

Gib mir
ein Ohr, das hört
ein Herz, das aufnimmt
eine Seele, die wach wird

Lass mich
gefügig werden für Deinen Willen
durchlässig für Dein Leben
hellhörig für das stille Wort Deiner Gegenwart

lass mich hören
wie die Steine rufen
wie die Blumen seufzen
wie die Tiere schreien
wie die Menschen betteln

Mach mich
zu Deiner zärtlichen Hand
zu Deinem strahlenden Auge
zu Deinem offenen Gesicht

Anton Rotzetter

Rat

Verabschiede die Nacht
mit einem Sonnenhymnus
auch bei Nebel

hol dir die ersten
Informationen aus den
Liedern Davids

dann höre die
Nachrichten und lies
die Zeitung

beachte die Reihenfolge
wenn du die Kraft
behalten willst
die Verhältnisse zu ändern

Wilhelm Bruners

Ein Harfenlied Davids

Der Himmel erzählt die Herrlichkeit Gottes,
was er getan hat,
ist sichtbar überall in der Welt.
Ein Tag sagt es dem anderen weiter,
und was eine Nacht von Gott weiß,
sagt sie der nächsten ins Ohr.
Sie reden ohne Worte
und ohne vernehmbare Stimme,
was sie erzählen, reicht über alles Land
und an das Ende der Erde geht ihr Raunen.

Er hat der Sonne ein Zelt gemacht
hinter den Enden der Welt.
Sie kommt heraus, stark und fröhlich,
wie ein Bräutigam, der aus der Kammer tritt,
seiner Braut zu begegnen, und freut sich,
wie ein Held über den Himmel zu laufen.
Sie geht auf an einem Ende des Himmels,
und läuft wiederum bis zum anderen,
nichts bleibt verborgen,
wohin sie leuchtet.

(Auch mir hast du, Gott,
eine Bahn gewiesen.
Deine Gebote sind mein Weg.)
Die Weisung Gottes ist ohne Fehler,
eine Wohltat ist sie für die Seele.
Die Gesetze Gottes sind klar und rein
und machen die Augen hell.
Das Wort des Herrn ist rein
und besteht auf ewig,
die Ordnungen des Herrn sind Wahrheit
und allesamt gerecht.
Kostbarer sind sie als Gold,
kostbarer als reines Gold.
Süßer als der Honig sind sie,
als süßer Honigseim.
Eine Warnung sind sie mir,
wenn ich zur Rechten oder Linken irre.
Wer auf sie achtet, findet das Ziel.
Lass dir gefallen, was ich dir singe,
und höre, was mein Herz zu dir spricht,
Gott, mein Fels, mein Erlöser.

Die Bibel: Psalm 19 übertragen von Jörg Zink

Weitere auch für den Tagesbeginn geeignete Psalmen finden Sie S. 84–88.

Heutiger Tag

Der Morgen graut. Ein erstes Licht erzittert. Es tagt. Der Tag tastet sich heran. Er legt sacht die Hand auf die Erde. Er gibt ihr seinen Hauch. Sagt er etwas? Er spricht in Licht. Sein Atem teilt sich mit. Er spannt eine leise Erwartung.

Dieser Tag ist und wird sein der heutige Tag. Er weiß, dass der gestrige Tag ihm voranging. Er weiß, dass der morgige Tag ihm folgt. Aber er gießt sich ins Heute. Im Nachklingen und im Vorklang erlebt er sich in einer Kette von Tagen. Es ist keine fesselnde Kette. Es ist das Bewusstsein eines Zusammenhalts, das sich zuspielt von Licht zu Licht.

Lautlos entzündet sich die Fackel des Tages. „Ein Tag sagt es dem andern, und eine Nacht tut es der andern kund – ohne Sprache, ohne Worte, mit unhörbarer Stimme.“ Da ist eine sprechende Wortlosigkeit und ein sprachloses Reden. Da ist ein Hören über das Hören hinaus. Und Tag und Nacht bewegen sich in einem Wechselverbund und verständigen sich untereinander. Der Tag will nicht zur Nacht, und die Nacht will nicht zum Tag gemacht werden. Lautlos prägen sich die Gebote ein der Tagbeachtung wie der Nachtbeachtung.

Immer
noch
lerne ich.
Ich lerne
die Sprache
des Tages.
Früh zündet er
die Buchstaben des Lichtes
an.
Er singt sich
ein
in die Stimmen der Vögel.
Er gebiert
die Gebärden
wachsender Pflanzen.
Er atmet auf
im Gesicht
erwachender Menschen.
Er spricht
mit dem Wind und
treibt sein Spiel mit den Wolken.
Er lacht mich an
mit seinem unendlichen
Vokabular des Lernens.

Wolfgang Dietrich zu Psalm 19, 3a

Singen will ich

Will nicht leugnen
die Dunkelheit
Aber auch nicht
das Sonnenlicht

Singen will ich
in die Dunkelheit
von der Sonne
ein Lied

Anne Steinwart

Indianische Sonnenlieder

Als ich einmal auf einer Wanderung war durch Arizona und Utah, durch Colorado und New Mexiko, stand ich in der Morgenfrühe und bei Sonnenuntergang wie die Menschen der alten Indianerkulturen auf den Felsklippen und in den Canyons und sprach ihre Gebete und Lieder nach. Ich empfand dabei die große Nähe zu den schönsten unserer Psalmen und Lieder, die echte und tiefe Frömmigkeit dieser Menschen, und versuchte, mich mit ihnen zu verbinden.

Jörg Zink

Herr der Welt, dir singe ich.
Alles blüht um mich her,
und die Welt ist gesegnet und voll Freude.
Dir singe ich!
Wie glänzt jetzt der Tau,
wie jubeln alle die bunten Vögel
der Gesang der Zwitschernden tönt überall.
Alle singen dir zu Ehren,
dem Erschaffer des Alls, dir, der Gott ist.

Du allein
bist die Quelle des Gesanges,

denn das Lied wurde im Himmel geboren.
Ach, nur im Himmel lässt seine Stimme strahlen
der liebliche Vogel der Götter,
und die eiligen Vögel jubeln im Wechselgesang
zum Preise des, der die Welt geschaffen.

Mein Herz hört die Stimmen,
und ich will alle dunklen Schleier
der Vergangenheit den Winden geben,
damit auch mein Seufzen aufsteigt
in den unendlich leuchtenden Himmel,
hoch hinauf, und mitklingt,
wo die gelben Kolibris singen
zum Preise des Gottes der Himmel.

Ach, ich will nicht weinen auf Erden.
Verfällt nicht das Haus irdischer Träume?
Ach, ich weiß, was immer die Erde trägt,
muss enden, wie hier unser Leben endet.
Lass mich singen zu dir, du Grund des Alls,
im Himmel möge meine Seele dir singen,
dass du sie freundlich ansiehst,
du, durch den wir leben.

Altmexikanischer Hymnus
übertragen von Jörg Zink

Die Morgenröte kleidet
sich in ihr Lichtgewand.
sie will Ehre erweisen
dem Schöpfer der Menschen.

Der hohe Himmel
legt die Decke seiner Wolken von sich.
Er beugt sich vor dem Schöpfer der Menschen.

Die Sonne,
die Königin unter den Sternen,
breitet ihre Strahlen aus wie goldenes Haar.

Der Wind, der über die Erde geht,
streichelt auf seinem Wege die Wipfel der Bäume,
und wir hören ihn reden in den Zweigen.

In den Bäumen singen die Vögel
und bringen ihr Lied dar
dem Herrn der Erde.

Die Blumen breiten ihre Farben aus
und ihren Duft.
Es ist herrlich, sie zu sehen.

So rühmt auch mein Herz dich, meinen Vater,
bei jeder Morgenröte aus neue,
du, mein Schöpfer.

Morgengebet der Indianer Perus
übertragen von Jörg Zink

O Herr der Welt, höre mich,
von der Himmelshöhe, von der Meerestiefe,
wo immer du bist, Schöpfer der Welt,
Erschaffer der Menschen, Herr aller Herren.
Zu dir, allein, mit schwachen Augen komme ich,
voll Sehnsucht, dich zu erkennen.
Du siehst mich. Du kennst mich.
Sonne und Mond, Tag und Nacht,
Frühling und Winter,
sie alle eilen, wie du es gebietest,
von ihrem Anfang zu ihrem Ziel.
O höre mich an,
lass mich zu dir, meinem Ziel kommen,
dass ich nicht ermatte auf dem Weg,
und gib mir das Leben.

Gebet der Inka übertragen von Jörg Zink

DIE SPRACHE DER SCHÖPFUNG LERNEN

Wir leben in einer Zeit der Gefährdung von Lebensgrundlagen. Die Sprache der Schöpfung ist uns abhanden gekommen. Der Baum ist kein Wort mehr, das Wasser keine Melodie, der Wind keine Anrede. Wir haben eine urtümliche Empfindsamkeit für unsere Umwelt verloren in den Betonmauern und zwischen den Hochhäusern. Auch der Sinn für langsames Wachsen und Entfalten fehlt uns oft.

Diese Krise kann nur gemeistert werden, wenn wir uns der Schöpfung wieder zuwenden. Schöpfung heißt: weg vom Ich des Menschen und vom nur globalen Denken – hin zum kosmischen Denken.

Alles, was wir ersehnen und tun können, besingt und feiert Franz von Assisi (1182–1226) in seinem „Cantico di Frate Sole“, dem „Sonnengesang“, den er zum Lob und zur Ehre Gottes verfasste, als er krank bei San Daminiano darniederlag. Sein Sonnengesang ist wie ein Geländer, an dem wir uns festhalten können. Nach und nach lernen wir die Sprache und die Haltung der Geschöpfe.

Die Texte S.26–33 meditieren den Sonnengesang in sieben Schritten. Auf jede Strophe des Lieds von Franz von Assisi folgt (eingerückt) ein Impuls von Anton Rotzetter. Diese Impulse sind Einübungen in die Ordnung der Dinge, die unser Selbst erfahrbar machen wollen.

Sonne

Höchster allmächtiger guter Herr
Dir sei das Lied der Herrlichkeit die Ehre
und aller Segen
Dir allein Höchster kommen sie zu
Kein Mensch ist würdig dich zu nennen

Lob sei dir mein Herr
mit deiner ganzen Schöpfung
vor allem mit dem Herrn Bruder Sonne
Er bringt uns den Tag
und spendet uns Licht
Schön ist er und strahlend mit großem Glanz
Vor dir Höchster ein Zeichen

Sonne
ich streck mich dir entgegen
Wärm mich
bestrahl mich
umhüll
durchdring mich mit Licht
und lass mich Sonne sein

Mond

Lob sei dir mein Herr durch Schwester Mond
und die Sterne
Am Himmel formtest du sie
glänzend kostbar und schön

Wie der Mond
bin ich
heut so – morgen anders
launisch
nehme zu – und nehme ab
bin leer – bin voll
bedrohlich – und entzückend
heut so – morgen anders
lass mich Licht sein
in der Nacht
so oder anders

Luft

Lob sei dir mein Herr durch Bruder Wind
durch Luft und Wolken
durch heiteres und jedes Wetter
Durch sie gibst du deiner Schöpfung Leben

Wind, Energie, Kraft
ich will dich spüren
außen:
auf der Haut
und in den Haaren
innen:
in meinem Herzen
und in meinen Händen
stürm um mich
beweg mich
beflügle mich

Wasser

Lob sei dir mein Herr durch Schwester Wasser
Sehr nützlich ist sie demütig kostbar und rein

Wasser
will ich sein
klares, reines Wasser
In die Tiefe will ich streben
nach unten fließen
wie alles, was demütig ist
und wahr
Erfrischen will ich
mich vergießen
wie alles, was lebendig ist
und liebt

Feuer

Lob sei dir mein Herr durch Bruder Feuer
Durch ihn ist die Nacht erhellt
Schön ist er kraftvoll und stark

Feuer und Flamme
seid in mir
Glut der Liebe
glüh in mir
Fackel der Hoffnung
brenn in mir

Erde

Lob sei dir mein Herr
durch unsere Schwester Mutter Erde
Sie belebt und lenkt uns
Sie erzeugt viel Früchte
farbige Blumen und Gräser

Erde will ich sein
bereit für den Samen
übersät von Blumen und Kräutern
voll Leben
Aber auch brach liegen
darf ich
ruhen
bis es Zeit wird
für neues Leben

Liebe

Lob sei dir mein Herr durch jene
die um deiner Liebe willen vergeben
und Schwachheit und Not ertragen
Selig die ausharren in Frieden
Du Höchster wirst sie krönen

Lieben will ich
und Frieden bringen
Vergeben will ich
und Brücken schlagen
Zärtlich sein
will ich
und alles Schwache verwandeln

Tod

Lob sei dir mein Herr
durch unsere Schwester den leiblichen Tod
Kein lebendiger Mensch kann ihr entrinnen
Weh denen die in tödlicher Schuld sterben
Selig die sie findet in deinem heiligsten Willen
Der zweite Tod tut ihnen nichts Böses

Lobt und segnet meinen Herrn
Dankt und dient ihm in großer Demut

Den Tod
will ich annehmen
jetzt schon
in jungen Jahren
damit ich frei werde
und mich geben kann
Hingeben
wie das Weizenkorn
sich
in die Erde gibt

Übertragung des Sonnengesangs und Meditationsimpulse: Anton Rotzetter

Den Tag beginnen

Dem erwachenden Tag
ein wenig Zeit schenken,
hinausgehen in den
jungen Morgen,
spüren, wie die frühe Luft
unseren Körper belebt,
spüren, wie unsere Gedanken
heller werden.

Den neuen Tag
einmal leise beginnen,
um Klarheit zu finden.
Im Angesicht der
aufgehenden Sonne
alles Dunkle aus uns
herauslassen,
damit das Licht
Einlass findet.

Sabine Ulrich

Möge dann und wann
deine Seele aufleuchten
im Festkleid der Freude.

Möge dann und wann
deine Last leicht werden
und dein Schritt beschwingt
wie im Tanz.

Möge dann und wann
ein Lied aufsteigen
vom Grunde deines Herzens,
das Leben zu grüßen
wie die Amsel den Morgen.

Möge dann und wann
der Himmel
über die Schwelle treten.

Antje Sabine Naegeli

Morgenstille

Nicht alle mögen den Morgen, das weiß ich. Und doch bin ich der Meinung, dass ein großer Segen auf der Morgenstille liegt. Dämmerstunde. Übergangszeit. Aus der Dunkelheit bricht das Licht. Ein neuer Tag, eine neue Chance. Ich darf mich einlassen auf das, was der Tag für mich bereit hat. Vieles wird sein wie gestern, aber ich kann auch überrascht werden, wenn ich mich voller Achtsamkeit dem neuen Tag öffne.

Ich finde es sinnvoll, den Tagesanfang im Sinn eines Morgenrituals zu beginnen. Da sind täglich gleich bleibende Verrichtungen. Und vielleicht gehört ein besinnlicher Text, ein Morgengebet dazu. Oder ein paar Minuten der Stille. Die Morgenstille kann ein gutes Fundament für einen geglückten Tag bilden.

Als kleine Hilfe für mich und andere habe ich einen Text verfasst. Er kann zum festen Bestandteil des Morgenrituals werden: Für ein paar Minuten halte ich inne, lasse den Atem kommen und gehen, spreche den Text. Und beginne dann bewusst das Tagwerk.

Den Tag verankern
in der Stille dieses Morgens
mit jedem Atemzug

den Tag annehmen
dankbar, wie ein Geschenk

Schale sein

den Tag bejahen, mitgestalten,
Neues wagen, auch Verrücktes

freudig

und versuchen,
die Verbindung zu behalten
mit der Stille des Morgens

Bruno Dörig

Diesen Tag bei mir anfangen,
meine Gedanken und Gefühle zulassen,
mich selbst annehmen.

Ruhig werden,
meine Mitte finden,
mich empfinden.

Mich meiner Möglichkeiten und Stärken,
meiner Mängel und Schwächen
bewusst werden.

Sehen,
was auf mich zukommt,
mich einrichten und einstellen,
diesen Tag ganz erleben.

Diesem Tag Sinn geben,
ihn verantwortungsvoll gestalten,
diesen Tag meines Lebens,
der niemals wiederkehrt.

Dieser Stunde Sinn geben,
sie nützen für mich und andere,
diese Stunde meines Lebens,
die niemals wiederkehrt.

Diesem Augenblick Sinn geben,
ihn so intensiv leben wie nur möglich,
diesen Augenblick meines Lebens,
der niemals wiederkehrt.

Dieser Tag –
ein Weg, den ich gehen,
ein Auftrag, den ich annehmen,
eine Aufgabe, dich ich lösen,
eine Frage, die ich beantworten,
ein Geheimnis, das ich bewahren,
eine Geschichte, dich ich schreiben,
ein Wunsch, den ich erfüllen will.

Dieser Tag –
ein Geschenk,
für das ich dankbar bin.

Max Feigenwinter

Aufstehen – Dastehen

Gerade dastehen zu können, fällt uns gar nicht so leicht. Oft tun wir uns schwer, zu uns selbst zu stehen. In Diskussionen und Meinungsverschiedenheiten ringen wir um den eigenen Standpunkt.

Selbstwertgefühl, Ehrlichkeit und Standhaftigkeit sind für mich spirituelle Grundwerte. In vielen Heilungsgeschichten erfahren wir, wie Jesus Menschen Mut macht, zu sich selbst und ihren Gaben und Grenzen zu stehen. Er fordert darum auf, sich in die Mitte zu stellen. Jesus richtet Menschen innerlich auf, damit ein aufrechter Gang möglich wird, damit wir mit mehr Rückgrat für unser Leben, für das Leben aller Menschen und der ganzen Schöpfung mit Zivilcourage ein- und aufstehen. Wir dürfen das tun im Urvertrauen, dass wir zu uns stehen können, weil Gott vor aller Leistung zu uns steht.

Nicht nur morgens, sondern viele Male pro Tag stehen wir auf. Diese Bewegung ist mir zu einem Alltagsritual geworden, wenn ich es bewusster und achtsamer tue. Solche Rituale sind Momente der Erinnerung, die eine Gewohnheit zu einem religiösen Tun werden lassen. Ich muss also nichts Neues tun, sondern das, was ich ohnehin schon tue, langsamer und kraftvoller tun:

Am Morgen beim Aufstehen stelle ich mich in die Mitte des Zimmers, spüre unter den Füßen den Boden, Bild jenes Gottes, der mich trägt, auch heute in all den vielen Anforderungen, die auf mich zukommen werden. Ich atme tief ein und aus in Verbindung mit den Worten der Hildegard von Bingen (1098–1179): „Gott atmet in allem, was lebt." Mein Dastehen, mein Atmen ist darum nicht nur ein persönlicher religiöser Akt. Er verbindet mich mit dem Atem der Menschen, der Tiere, der Pflanzen, dem ganzen Kosmos. So stehe ich anders, verwurzelter im Leben.

Den Tag hindurch versuche ich das bewusste Dastehen einzuüben. Wenn ich auf einen Zug warte oder in der Einkaufsschlange anstehen muss, dann erinnere ich mich an die Kraft des Stehens. Es gibt keinen Ort auf dieser Welt, der nicht zum heiligen Ort werden kann. Religion wird zur Lebenshilfe, wenn ich die scheinbar verlorene Zeit des Herumstehens verwandeln lasse in ein achtsames Dastehen. Der Atem hilft mir, die Tiefendimension dieses unscheinbaren Stehens zu spüren. Für mich lebt darin die Hoffnung, dass Christus alltäglich in mir aufersteht, damit ich die Kraft erhalte, den Aufstand für mehr Menschlichkeit und Solidarität zu wagen.

Am Ende des Tages stehe ich bewusst zu diesem Tag. Voll Dankbarkeit spüre ich das Lustvolle und Angenehme dieses Tages. Ich versuche auch zu dem zu stehen, was ich mir anders gewünscht hätte, wo ich unzufrieden mit mir selbst und anderen bin. Ich stehe zwischen Erde und Himmel und in einer tiefen Verneigung drücke ich meine Sehnsucht aus, diesen Tag gehen zu lassen und ihn Gott zu überlassen.

Pierre Stutz

Auferstehung erfahren

Mit beiden Füßen auf dem
Boden stehen –
Auferstehung erfahren
weil Du, Christus,
jeden Moment neu in uns
auferstehst

Dem Atemfluss folgen
in der solidarischen Verbindung
mit Frauen und Männern
die Jetzt aufstehen für mehr
Frieden und Gerechtigkeit

Dastehen
Deine heilend-segnende Kraft
tief einatmen
in staunender Dankbarkeit
über Deine Schöpfung
Mutter Erde
die umsonst trägt und nährt

Pierre Stutz

Staunen können

Es gibt Fähigkeiten, die man nie zu lernen braucht, die man aber verlernen kann; dazu gehört die unvergleichlich wichtige Befähigung des Staunenkönnens. Ein Kind ist voller Staunen, wenn es sich in der Welt umsieht. Auch der Erwachsene kommt oft aus dem Staunen nicht heraus, wenn er über die Dinge unserer Welt nachdenkt. Wie kommt es, dass bei vielen Gegenwartsmenschen diese urtümliche Befähigung verloren zu gehen scheint? Sie werden mit den erstaunlichsten und verwunderlichsten Ereignissen konfrontiert, und ihre einzige Reaktion ist: „Na und? Weiter nichts?" Ein mitleidiges Lächeln ernten diejenigen, die noch sprachlos erstaunt sind, sie selbst sind über solche Gefühlsaufwallungen längst hinaus und bleiben bei ihrem stoischen Gleichmut.

Natürlich kann man fragen. Warum soll das Staunen so wichtig sein? Ist das nicht eine kindliche Verhaltensweise, weil Kinder die Welt noch nicht kennen und deshalb überall das Wunderbare vermuten? In dieser Hinsicht sollten wir uns etwas von der kindlichen Offenheit bewahren. Das Staunen öffnet den Menschen. Es bewirkt, dass wir nicht alles für selbstverständlich ansehen, sondern

erkennen, dass wir in jedem Moment unseres Daseins beschenkt werden. Alles steckt voll von Überraschungen, aber wir brauchen Sinne, um sie zu bemerken. Wer stumpf ist und nicht ansprechbar, der rennt wie ein blinder Stoffel durch die Welt und merkt überhaupt nicht, dass er an tausend Schönheiten und Kostbarkeiten vorbeikommt.

Unaufmerksamkeit und Blindheit für das, was uns an jedem Tag und in jeder Minute angeboten wird, ist eine fundamentale Undankbarkeit. Ich bekomme die Luft zum Atmen gewährt, ich spüre in mir die Lebenskraft des Herzschlags, ich habe aufnahmefähige Sinne, ich bin neugierig und habe das Potential des Denkens mitbekommen. Jeden Tag bekommt mein Leib die Speisen zugeführt, die er braucht. Ich darf Pläne machen und mich der Zukunft zuwenden. Weil sich nichts von selbst versteht, deshalb verbergen sich überall die kleinen und großen Wunder. Weil ich nicht gleichmütig hinnehmen soll, deshalb komme ich nicht aus dem Staunen heraus.

Sören Kierkegaard, der große dänische Philosoph des 19. Jahrhunderts, fängt diesen Gedanken ungemein treffend ein: Unter Bezugnahme auf das Wort Jesu: „Schaut euch die Vögel des Himmels an..., achtet auf die Lilien des Feldes (Matthäus

6,26.28) fordert er uns auf, bei den Vögeln und den Lilien in die Schule zu gehen, sie zu unseren Lehrmeistern zu machen. „Also, dass du das Nötige bekommst, dass du erschaffen wurdest, dass du Mensch wurdest; dass du sehen kannst, bedenke, dass du sehen kannst, dass du hören kannst, dass du riechen, dass du schmecken, dass du fühlen kannst; dass die Sonne für dich scheint – deinethalben, dass, wenn sie müde wird, der Mond anfängt, und dann die Sterne angezündet werden; dass es Winter wird, dass die ganze Natur sich verkleidet, Verstecken spielt, – um dich zu vergnügen; dass es Frühling wird..., um dich zu erfreuen, dass das junge Grün sprießt und der Wald schön wächst und als Braut dasteht, – um dir Freude zu schenken... Wenn dies nichts ist, worüber man sich freuen kann... Lerne darum von der Lilie und lerne vom Vogel, deinen Lehrern: zu sein heißt: für heute dasein, und das ist Freude."

Kierkegaard macht uns nicht auf die großen, weltbewegenden Geschehnisse aufmerksam, das Auffällige und Sensationelle scheint ihn nicht zu interessieren, aber das, was zu unserem Alltagsleben gehört, die unscheinbaren Begebenheiten, die sind ihm wichtig. Was unaufdringlich ist, ist nicht weniger unserer Aufmerksamkeit würdig. Wer al-

les gedankenlos hinnimmt und sich vorstellt, es müsse nun einmal so sein, wie es ist, der verschließt sich in seinem Innern und bleibt im Grunde da stehen, wo er gerade steht. Wer sich aber noch wundern kann und das Staunen nicht verlernt hat, der geht mit Erwartungen nach vorn. Er entwickelt mit der staunenden Verwunderung auch Kräfte, das Neue zu entdecken und dankbar anzunehmen. Vermutlich sind die großen Entdeckungen von Menschen gemacht worden, die sich eine staunende Neugierde erhalten haben, eine Lust, sich dem Unbekannten zuzusenden, weil es noch etwas geben muß, was noch gar nicht erschienen ist, aber sich vielleicht bald zeigen wird.

Auch bei Adalbert Stifter, dem Dichter der „verborgenen Wunder“, können wir lernen, auf die geheimnisvollen kleinen Dinge aufzumerken. Er wollte die Menschen sehfähig machen für die Größe des Unscheinbaren und die Schönheit des Alltäglichen, deshalb wurde er von manchen Zeitgenossen belächelt oder sogar verhöhnt. Friedrich Hebbel wollt ihn mit seinen Versen lächerlich machen: „Wisst ihr, warum euch die Käfer, die Butterblumen so glücken? Weil ihr die Menschen nicht kennt, weil ihr die Sterne nicht seht!“

Aber Stifter wollte auf die Käfer und die Butterblumen aufmerksam machen, *weil* er die Menschen kannte. Auf seine behutsame Weise setzte er sich gegen die Polemik zur Wehr, indem er seine Sehweise deutlich zu machen suchte. In der Einführung zu seiner Novellensammlung „Bunte Steine" schrieb er: „Das Wehen der Luft, das Rieseln des Wassers, das Wachsen des Getreides, das Wogen des Meeres, das Grünen der Erde, das Glänzen des Himmels, das Schimmern der Gestirne halte ich für groß: das prächtig einherziehende Gewitter, den Blitz, welcher Häuser spaltet, den Sturm, der die Brandung treibt, den feuerspeienden Berg, das Erdbeben, welches Länder verschüttet, halte ich nicht für größer als obige Erscheinungen, ja, ich halte sie für kleiner, weil sie nur Wirkungen viel höherer Gesetze sind... Die Kraft, welche die Milch im Töpfchen der armen Frau emporschwellen und übergehen macht, ist es auch, die die Lava in den feuerspeienden Berg emportreibt und auf den Flächen der Berge hinabgleiten lässt. Nur augenfälliger sind diese Erscheinungen und reißen den Blick des Unkundigen und Unaufmerksamen mehr an sich, während der Geisteszug des Forschers vorzüglich auf das Ganze und Allgemeine geht und nur in ihm allein Groß-

artiges zu erkennen vermag, weil es allein das Welterhaltende ist."

Stifter wollte das „sanfte Gesetz" zu erblicken suchen, das sich nicht in den Vordergrund schiebt, aber dennoch unser Leben bestimmt. Wer sich auf Stifters Sehweise einlässt und mit ihm auf die Suche nach den kleinen Dingen geht, die sich erst beim zweiten oder dritten Blick als bedeutsam erweisen, der wird zwar vielleicht keine weltbewegenden Abenteuer erleben, dafür aber neue Zugänge zu den wahren Kräften unserer Erde finden. Es ist so, als kehrten sich die Dinge um: Was übermächtig erschien, schrumpft zusammen und verliert seine erdrückende Gewalt, was aber bisher unbeachtet geblieben war, weil es so alltäglich erschien, wird bedeutsam und ist es wert, dass man sein Augenmerk darauf richtet.

Wer die Welt nur noch mit nüchtern abschätzenden Augen anblicken kann und in ihr zwar ungelöste Rätsel und Probleme sieht, aber kein Geheimnis darin entdeckt, für den ist das einzige Ziel, das ihn reizt, diese Probleme zu bewältigen und die letzten Rätsel zu lösen. Ein gelöstes Problem verschwindet, ja, es ist beseitigt. Ein Geheimnis dagegen verschwindet nicht, wenn es mir gelingt, in es Einblick zu gewinnen. Auch wenn ich ein wenig

den Schleier lösen kann, bleibt es dennoch ein Geheimnis. Sehr gut kann ich das Wort von Konrad Lorenz nachvollziehen: „Man könnte den wahren Naturforscher geradezu nach seiner Fähigkeit definieren, das Erforschbare, das er erforscht hat, dennoch unvermindert zu verehren."

Kennen wir wirklich die Welt? Sie ist erforscht und beschrieben, ausgekundschaftet und erklärt. Und trotzdem hat sie ihren Zauber nicht verloren und ist immer wieder neu und überraschend. Das scheinbar Altbekannte und Immergleiche kann uns verblüffen, wenn wir mit „neuen Augen" herangehen. In einem seiner Dialoge lässt Plato den Philosophen Sokrates zu seinem Gesprächspartner sagen: „Dein Zustand der Verwunderung ist recht typisch für einen Philosophen. Es gibt nämlich keinen anderen Anfang der Philosophie als die Verwunderung." Wer also nicht vom Staunen überfallen wird, der kann eigentlich auch keine Fragen stellen. Und wer keine Fragen stellen kann, wie soll der Antworten finden? Vielleicht sind Kinder die wahren Philosophen, weil sie die brennendsten Fragen stellen und sich auch nicht abhalten lassen, immer weiterzufragen – und sich immer weiter zu wundern.

Bei Novalis gibt es den köstlichen Satz: „Der Anfang der Philosophie ist ein erster Kuss.“ Und an anderer Stelle greift er diesen Satz wieder auf: „Ich wünschte, dass meine Leser die Bemerkung, dass der Anfang der Philosophie ein erster Kuss ist, in einem Augenblick läsen, wo sie Mozarts Komposition ‚Wenn die Liebe in deinen blauen Augen‘ recht seelenvoll vorgetragen hörten – wenn sie nicht gar in der ahnungsvollen Nähe eines ersten Kusses sein sollten.“

Unlängst hörte ich im Radio eine Reportage. Zufällige Passanten wurden gefragt, wann sie das letzte Mal „begeistert“ gewesen seien. Das Ergebnis war deprimierend: Beinahe alle Angesprochenen konnten sich buchstäblich an nichts erinnern, das sie so beeindruckt hatte, dass sie von Begeisterung hätten sprechen können. Vage Erinnerungen an längst vergangenen Jugendtage tauchten bei manchen auf, an die erste Liebe etwa, aber die Gegenwart schien keinen Anlass zu bieten, sich einem starken und nachhaltig wirksamen Geschehen zu öffnen. Nicht einmal Reiseeindrücke oder musikalische Erlebnisse waren so, dass man den Geist darin gespürt hätte, von zwischenmenschlichen oder gar religiösen Erfahrungen war schon gar nicht die Rede.

Ich frage mich: Haben all diese Menschen wirklich nichts erlebt, was nennenswert gewesen wäre, oder fiel ihnen nur spontan nichts ein? Oder steckt dahinter eine so völlige Unaufmerksamkeit, dass die unscheinbaren Abenteuer, die wir jeden Tag erleben dürfen, gar nicht wahrgenommen werden?

Otto Betz

Lehre mich staunen

Gott
Du Schöpfer allen Lebens
lehre mich staunen
über die alltäglichen Wunder
und fördere in mir
das Entsetzen
über den lieblosen Umgang mit
aller Kreatur

Sei Du aus Liebe zum Leben
die Widerstandskraft in mir

Pierre Stutz

Gott in allen Dingen

Ein spiritueller Mensch ist für mich ein Mensch, der alltäglich einübt wahrzunehmen, was ist. Er nimmt etwa wahr, was ihn bewegt, ärgert, behindert, beflügelt oder blockiert. Wahrnehmung als Grundhaltung, um darin die göttliche Spur im Leben zu erahnen. In allem, was sich im Hier und Jetzt an Gedanken und Gefühlen zeigt, liegt meine Möglichkeit zum Wachsen und Reifen. Meine Aufmerksamkeit richtet sich also nicht auf die Frage, wie ich sein sollte, sondern in der Achtsamkeit, das anzunehmen, was ist. Denn das, was geschehen ist, kann ich nicht mehr ändern, und was sein wird, liegt nicht in meiner Hand. Die Gegenwart ist der Ort, wo ich Gott als tragenden Grund erfahren kann.

Dies hat für mich viel mit dem Staunen zu tun. Ein spiritueller Mensch staunt jeden Tag über das, was ihm geschenkt ist. Im Staunen kann auch das Entsetzen liegen über all das, was an Menschlichkeit und ökologischer Achtsamkeit zerstört wird. Denn echte Spiritualität hebt nicht ab von der Realität, sondern ermöglicht, die Realität angesichts der Ewigkeit wahrzunehmen und verwandeln zu lassen.

Viele christliche Mystiker haben zum Rückzug eingeladen. Doch sie meinten damit nicht die Ab-

kehr von den brennenden Fragen der Zeit. Im Gegenteil ermutigten sie dazu, Gott in sich als lebendige Quelle zu entdecken, um daraus Kraft zu schöpfen für ein verantwortungsvolles Miteinander. Das Wort Mystik leitet sich vom griechischen „myein“ ab, was die „Augen schließen“ bedeutet. Ich bin dazu eingeladen, stündlich einen Moment die Augen zu schließen, um beim Öffnen das Wesentliche des Lebens – Gott in allen Dingen – bewusster wahrzunehmen. Staunen über meine Hände, einen Regentropfen, einen Baum, eine Blüte, ein Lächeln, einen Grashalm, einen Stern. So wird mein staunender Blick zum Gebet, wie der Mystiker Thomas Merton sagt: „Ich will mich also aufmachen, damit alles, was ich berühre, sich in Gebet verwandelt. Damit die Vögel mein Gebet sind, der Wind in den Bäumen mein Gebet ist.“

Beten bedeutet also nicht Gott zu erreichen, sondern staunend zu erkennen, dass er längst schon da ist als verbindende Mitte. Beten bedeutet: im dankbaren Staunen das Leben feiern. Daraus wächst jene Solidarität, die uns mit allen Menschen, der Schöpfung und dem ganzen Kosmos verbindet.

Pierre Stutz

Sieh die Welt mit wachen Augen

Sehen mit offenen Augen –
staunen wie Du, Gott
lebendig bist in Schöpfung und Kosmos

Sehen mit geschlossenen Augen –
wie du mich bewohnst und bewegst
staunen, wie Du in mir atmest

Sehen mit offenen Augen –
mich begeistern lassen
von all den Wundern
die Du uns täglich zufließen lässt

Sehen mit geschlossenen Augen –
Dich als tiefsten Seelengrund erfahren
um mich mit meinen Gaben und
Grenzen annehmen zu können

Sehen mit offenen Augen –
die brennenden Fragen unserer
Zeit wahrnehmen
Wut und Entsetzen spüren
und mit Dir den Traum einer
gerechteren Welt umzusetzen im
solidarischen Miteinander

Pierre Stutz

Gottes zärtlicher Segen

Gottes zärtlicher Segen
möge dich heute erfüllen
damit dir die Erinnerung
geschenkt sei, anerkannt zu sein
in all deinen
Entfaltungsmöglichkeiten
und inmitten deiner
Widersprüchlichkeiten

Gottes wohlwollender Segen
lasse dich die tiefe
Verbundenheit spüren
mit allem, was lebt
damit dein Atem
dich zu ökologischer
Achtsamkeit bewegt

Gottes erfrischender Segen
möge dich zum Staunen
begeistern
über all die Wunder
die dir in Begegnungen mit
Menschen und Schöpfung
entgegenkommen

Pierre Stutz

NACHWEISE SEITE 1–56

VAE bedeutet im Folgenden: Verlag am Eschbach, Eschbach/Markgräflerland.

Otto Betz: S. 5–8, 44–52, aus: ders., Das Unscheinbare ist das Wunderbare. Spiritualität im Alltag, © VaE 1994.
Wilhelm Bruners: S. 15, aus: O. Berg/ W. Bruners/ Th. Villiger, Großer Gott klein. Wortgottesdienste, Patmos Verlag, Düsseldorf 1993, © beim Autor.
Wolfgang Dietrich: S. 12f., 18f., aus: ders., Es ist ein Gesang in der Welt. Ein Psalter dieser Tage, Psalm 1–75, © VaE 1999/ Psalm 76–150, VaE 2000.
Bruno Dörig: S. 36f., Aus: ders., Von der Stille will ich dir erzählen. Berichte von einer ungewöhnlichen „Reise", © VaE 2003.
Max Feigenwinter: S. 38 f., aus: ders., Lass dir Zeit. Eine Einladung zum Verweilen, © VaE, 4. Aufl. 2003.
Gottfried Hänisch: S. 11, © beim Autor.
Wilma Klevinghaus: S. 10, © bei der Autorin.
Antje Sabine Naegeli: S. 35, aus: dies., Ich spanne die Flügel des Vertrauens aus. Eine Wegbegleitung, © VaE, 4. Aufl. 2002.
Anon Rotzetter: S. 14, 25–33, aus: ders., Grund, aus dem ich lebe. Wenn du beten lernen willst, © VaE 2001.
Anne Steinwart: S. 20, © bei der Autorin.
Pierre Stutz: S. 40–43, 52 (unten) bis 56, aus: ders., Einfach leben. In 52 Schritten durch das Jahr, © VaE 2003.
Sabine Ulrich: S. 34, aus: dies., Glück hat eine leise Stimme. Bilder und Worte für dich, © VaE 1996.
Jörg Zink: S. 16f., aus: ders., Atme die Kraft der Erde. Der Weg des Menschen im Jahreskreis nach Bildern von Pieter Bruegel, © VaE 1984.– S. 21–24, aus: ders., Atem der Welt. Indianische Schöpfungslieder und Segensworte, © VaE 1999.

Jörg Zink: S. 76f., aus: ders., Die Mitte der Nacht ist der Anfang des Tages, © Kreuz Verlag, Stuttgart 1968.– S. 82–88, aus: ders., Schöpfung. Über die vielfarbige Weisheit Gottes (Reihe: Eschbacher Bibelhefte), © VaE 1989.

NACHWEISE SEITE 57–109

VAE bedeutet im Folgenden: Verlag am Eschbach, Eschbach/Markgräflerland.

Otto Betz: S. 66–75, aus: ders., Das Unscheinbare ist das Wunderbare. Spiritualität im Alltag, © VaE 1994.
Wilhelm Bruners: S. 80, © beim Autor.
Wolfgang Dietrich: S. 78f., 108f., aus: ders., Es ist ein Gesang in der Welt. Ein Psalter dieser Tage, Psalm 76–150, © VaE 2000.
Max Feigenwinter: S. 59 (oben), 61, aus: ders., Lass dir Zeit. Eine Einladung zum Verweilen, © VaE, 4. Aufl. 2003.– S. 59 (unten), aus: ders., Wurzeln spüren, Neues wagen. Texte, die Mut machen, © VaE 1999.– S. 63, aus: ders., Sei du selbst! Impulse für das Leben, © VaE 1997.
Husain ibn Ali: S. 81, aus: Annemarie Schimmel, Denn Dein ist das Reich. Gebete aus dem Islam, © Verlag Herder, Freiburg i.Br. 1978.
Antje Sabine Naegeli: S. 89, 91–94, 96, 97, 103–105, aus: dies., Dass die Nacht dir Frieden bringt. Eine Wegbegleitung, © VaE 2002.
Ernst Schlatter: S. 64 f., aus: Martin Schmeisser (Hg.), Sonntäglich leben. Von der Muße und anderen Künsten des Lebens, © VaE 2001.
Juliane Sobing: S. 90, 95, © bei der Autorin.
Christa Spilling-Nöker: S. 58, aus: dies., Ich schenke dir ein gutes Wort. Ermutigungen und Segensworte, © VaE 2002.– S. 60, 98, 99, aus: dies., Jeder Augenblick zählt. Segensworte, © VaE, 6. Aufl. 2002.– S. 62, 100f., aus: dies., Komm, mein Engel, komm. Beflügelnde Worte, © VaE, 4. Aufl. 2003. – S. 102, aus: dies., Liebe das Leben. Ermutigungen, © VaE 2003.
Anne Steinwart: S.106,107, © bei der Autorin.

Abendstern

Ruhigwerden

Den Tag beenden

Ruhigwerden

Wenn der Abend kommt,
und die Stille sich
über das Land senkt,
dann nimm dir Zeit
für dich selbst:

Atme die Unruhe
des vergangenen Tages aus
und schicke deine Sorgen
und alles, was dir Angst macht,
empor zu den Sternen,
die dich vom Himmel her
mit leisem Glänzen grüßen.

Atme das Schweigen
der Bäume ein
und fülle dich
Atemzug um Atemzug
mit der Ruhe der Nacht,
bis deine Seele
Frieden gefunden hat.

Christa Spilling-Nöker

Loslassen,
geschehen lassen,
zulassen,
was mir entspricht.

Geduld haben,
nicht drängen wollen,
vertrauen, dass geschieht,
was mir entspricht.

Innehalten,
still werden,
ruhig sein,
und die Seele wachsen lassen.

Ich brauche sie jeden Tag,
die Reise zu mir selbst.
In der Stille stoße ich zu mir selber vor,
komme zum Kern,
und meine Seele erwacht.

Max Feigenwinter

Am Abend zur Ruhe kommen,
sich Zeit nehmen für sich selbst
und für andere,
den einen oder anderen Gedanken
in sich nachklingen lassen,
Versäumtes bedenken,
um für die Zukunft
aufmerksam zu werden
und dann und wann einen Traum
Wirklichkeit werden zu lassen;
die Erinnerung an
schwere Zeiten aushalten
und sich an glücklichen
Augenblicken nachhaltig freuen,
um daraus wieder
neue Kräfte zu schöpfen.

Christa Spilling-Nöker

Dann und wann
das Tempo verlangsamen,
anhalten,
ruhig wahrnehmen, was um uns ist,
was uns schützt, bedroht, erfreut,
fordert, fördert;
uns neu einstellen und ausrichten.

Dann und wann
das Tempo verlangsamen,
anhalten,
sich hinsetzen und setzen lassen,
was sich in uns bewegt.

Dann und wann
das Tempo verlangsamen,
anhalten,
aus unserer Tiefe Bilder
aufsteigen lassen,
dankbar sein und sehen,
was sie uns zeigen wollen,
wohin sie uns weisen.

Max Feigenwinter

Am Abend
innehalten können:
die Stille auskosten
von Augenblick
zu Augenblick
und sein dürfen,
einfach nur sein:
nichts sagen,
nichts fragen,
nichts machen,
nichts müssen,
einfach nur sein,
voll gegenwärtig,
engelleicht.

Christa Spilling-Nöker

Es fällt mir schwer,
auf mich selbst zu hören,
meinen eigenen Ton zu finden,
die Sprache des Herzens
zu sprechen.

Es fällt mir schwer,
das Belastende abzuwerfen,
das Fördernde zu pflegen
und einzustimmen
in das Lied des Lebens.

Ich will still werden,
mich selbst wahrnehmen,
meiner Seele Raum geben
und sein,
wie ich bin.

Max Feigenwinter

Nimm doch
heute Abend
am Ende dieser Woche
diese Melodien
diese Sätze:

Wie ein kleines Kind
bei der Mutter
still werden kann –
ohne große Erklärung

Lass los
am Ende dieses Tages
am Ende dieser Woche
Lass los
damit dein inneres Kind
in dir
getröstet werde
wenn es
die vernichtenden Ansprüche
deiner Umwelt spürt

Damit du befreit werden kannst
von den
lieblosen Abspaltungen
die dich fernhalten
vom warmen, fließenden Strom
des Lebens

Horch auf deinen Atem:
wie er kommt –
und wie er geht –
in deinem Rhythmus
hilft er dir
zu dir zu stehen
ruhig zu werden
und zu bleiben
an diesem Ort
der Ruhe
in dir

Ernst Schlatter

Vom dankbaren Umgang mit der Zeit

Solange ich denken kann, / Gingen Uhren immer zu schnell", heißt es in einem Gedicht von Marie Luise Kaschnitz. Wie oft geht es uns so, dass uns die Zeit davongaloppiert und wir mit unseren Plänen und Vorhaben nicht nachkommen. Immer noch mehr wollen wir aus der knappen Zeit herausholen und ärgern uns, dass sie so eilig verfliegt. Der Blick auf den Kalender macht uns deutlich, dass die Zeit unausweichlich weiterläuft, ohne dass wir sie aufhalten können. Und wenn wir gar in den Spiegel blicken, können wir die Spuren der Zeit in unserem Gesicht ablesen. „Die Zeit ist eine geräuschlose Feile", sagt ein italienisches Sprichwort.

Vielleicht ist das eine falsche Betrachtungsweise. Wir sollten nicht so tun, als würden wir von der tickenden Uhr tyrannisiert. Der überfüllte Terminkalender ist nicht vom Himmel gefallen, den haben wir uns selbst eingebrockt. Und die gehetzte Eile kommt nicht dadurch zustande, dass jemand mit einer Peitsche hinter uns steht. Sie ist ein Produkt unserer eigenen Unruhe.

Wir dürfen es nicht vergessen: Die Zeit ist das große Geschenk, das wir ununterbrochen angeboten bekommen. In jedem Moment wird uns die Prise Zeit gewährt, die wir nötig haben, damit wir im Leben sein können. Wir können atmen, unser Herz schlägt, unsere inneren Organe leisten ihren Dienst, unser Gehirn ermöglicht uns das Denken und Planen.

Weil es uns so selbstverständlich erscheint, diese zum Leben nötige Zeit geschenkt zu bekommen, müssen wir manchmal innehalten und dieses Glück der gestundeten Zeit dankbar genießen. Wenn wir nämlich alle Zeiträume mit hektischem Tun vollstopfen, dann kommt es uns tatsächlich so vor, als hätten wir keine Zeit, obwohl wir sie doch haben. „Zeit haben, heißt den Tod duzen“, hat Frank Thieß gesagt. Wer also recht mit seiner Zeit umgeht, sie herankommen läßt und so nutzt, wie es ihr zukommt, dem braucht nicht einmal davor bange zu sein, dass unsere Lebenszeit einmal zu Ende geht.

Gibt es eine Zeit, die besser geeignet ist, sich von der Gabe Zeit beschenken zu lassen und sie nach Herzenslust auszukosten, als die Ferienzeit? Nun endlich fallen so viele Zwänge weg, kann der Terminkalender in der Schublade bleiben, können wir vielleicht sogar einmal auf die Uhr verzichten.

Aber wir werden es merken: Es ist gar nicht so leicht, aus der eigenen Unruhe herauszukommen, die ängstliche Einteilung der Stunden einmal dranzugeben, um die Zeit geruhsam herankommen zu lassen, sie wirklich auszukosten und vorübergehen zu lassen. Vielleicht hilft es uns, wenn wir am Meer sitzen und den heranrollenden Wogen zuschauen. Oder wir können, wenn wir den vorbeiziehenden Wolken hinterherschauen, etwas von dieser Muße erleben. Ein afrikanisches Sprichwort jedenfalls sagt: „Als Gott die Zeit schuf, hat er genug davon gemacht."

Wir haben uns angewöhnt, mit unserer Zeit haushälterisch umzugehen. Sie ist schließlich kostbar und viel zu schade, als dass wir sie „vertreiben" dürften. Unsere planende Vernunft greift immer wieder ein. In uns sitzt ein geheimer Mahner, der sagt: Trödle nicht so, du hast noch viel zu tun. Die Zeit, die du jetzt vertändelst, fehlt dir später bei deinen Unternehmungen. So richtig diese Einstellung sein mag, sie darf nicht absolut gesetzt werden. Wir leben nun einmal im Wechsel von Arbeit und Muße, von Anstrengung und Entspannung, von Konzentration und spielerischer Zerstreuung. Ein Mensch, der jede Sekunde ausnutzen will und immer von seinen Plänen bestimmt ist, wird allmählich verkrampft. Wir haben auch Zeiten nötig, wo wir dem süßen Nichtstun frönen und einfach die Zeit dahinfließen lassen.

In einer unverplanten Zeit, die wir genießen dürfen wie eine Gnade, geschieht ja nicht etwa „nichts". Wir atmen vielmehr tief auf und lassen Dinge in uns aufsteigen, die sonst gar nicht ans Tageslicht kommen konnten. Wir können auch intensiver das erleben, was sich gerade begibt, auch wenn es unscheinbare Dinge sind. Erhart Kästner hat einmal folgenden Gedanken notiert: „Eine Gabe Zeit zugegeben, das bringt die Dinge zum Reden. Trinkt man vom Zeitwasser, so versteht man. Zeit bringt auch eine Gabe Trauer mit ein, die, wunderbarerweise, verwandt mit Hoffnung und Trost ist."

Haben wir es fertig gebracht, einmal einen ganzen Tag zu verschwenden, ohne dem eisernen Muss beruflicher Pflichten zu folgen, ist es uns gelungen, diese andere Zeitqualität kennenzulernen, dann können wir auch in unseren Alltag wieder zurückkehren, wo andere Regeln herrschen. Und gar ein ganzer Urlaub mit seinen vielen Möglichkeiten holt uns aus unserem Labyrinth heraus, gewährt uns die Freiheit und das Verfügungsrecht über die Zeit, damit wir – beschwingt und erleichtert – auch wieder die Bürde der festgelegten Termine und der Zeitenge zu tragen bereit sind.

Manchmal leben wir nach der Devise, die Georg Büchner in seinem Lustspiel Leonce und Lena ausgegeben hat: „Wir lassen alle Uhren zerschlagen, alle Kalender verbieten und zählen Stunden und Monde nur nach der Blumenuhr, nur nach Blüte und Frucht." So merkwürdig es klingt: Wir müssen es wieder lernen, uns auch manchmal dem Müßiggang zu überlassen.

Wie kann man das lernen? Dafür gibt es keine Schulen, aber jeder kann Plätze finden, wo er sich darin einzuüben lernt. Wer einmal an einem offenen Feuer sitzt und dem Funkenflug und dem lodernden Aufflammen zusieht, wer das Knistern und Knacken mit seinen Ohren verfolgt, der kann ganz darin verweilen, ohne dass es ihm langweilig wird. Und wer ein ruhiges Waldstück findet, wo noch die Vögel unbekümmert singen und eine Vielfalt von Pflanzen sich ausbreiten kann, der wird, wenn er es fertig bringt, ganz still zu werden, erleben, dass die Zeit beinahe stehen bleibt. Wir können dabei gelassen werden, dankbar für diese Geschenke, die nichts kosten und dennoch unbezahlbar sind.

In China erzählt man sich folgende Geschichte: Kung Fu-tse fragte eines Tages vier von seinen Schülern nach ihren Herzenswünschen. Während einer sich gleich zutraute, das ganze Staatswesen zu ändern und zu reformieren, der zweite dem Volk Wohlstand zu bringen versprach, der dritte als Zeremonienmeister im königlichen Ahnentempel fungieren wollte, fabulierte der vierte: „Ich möchte am liebsten im Spätfrühling, wenn man schon im leichten Gewand gehen kann, mit fünf oder sechs Burschen, die bereits Männerkappen tragen, und in Begleitung von sechs oder sieben Knaben im Fluss baden, möchte mich in einer Brise beim Regenaltar trocken wehen lassen und mit der fröhlichen Schar singend heimkehren." – Und wie reagierte der strenge Meister auf diesen spontanen Herzenswunsch? Kung Fu-tse seufzte und sagte: „Wenn du nur wüsstest, wie meine Wünsche den deinen gleichen." Offenbar steht der Gedanke dahinter: Wer das Staatswesen reformieren will und es unternimmt, das Seine dazu beizutragen, damit andere glücklich werden, der sollte darüber nicht ganz seine eigenen Sehnsüchte vergessen. Keiner sollte das ausschlagen, was ihm die Gunst der Stunde und der konkrete Augenblick anbieten.

Die Ereignisse unseres Lebens gehen häufig auf gemächliche Weise vor sich: Es entwickelt sich etwas allmählich und kündigt sich an, bis es – im Laufe geraumer Zeit – Gestalt annimmt und dann wirksam werden kann. Aber es gibt auch andere Fälle, da bricht etwas völlig überraschend und unvorhergesehen in unser Leben ein, so dass wir dieses Neue gar nicht begreifen können und eher ängstlich abwehrend darauf reagieren. Dieses plötzlich Hereinbrechende kann eine veränderte Situation sein, eine überraschende Begegnung, aber auch ein Gedanke, der uns „zu-fällt" und von dem wir sagen möchten, dass er uns nicht einmal im Traum eingefallen wäre. Er ist uns zuteil geworden, als wäre ein Meteor eines anderen Planetensystems bei uns eingeschlagen Es lohnt sich, manchmal innezuhalten und sich an Situationen aus seinem Leben zu erinnern. Die verschiedenen Zeiten, die wir erleben durften, hatten ein ganz unterschiedliches Gewicht. Da gab es die schweren und schicksalshaften Stunden, wo alles auf dem Spiel zu stehen schien, es gab die langweiligen Zeiten, in denen offenbar gar nichts passierte, und es gab die federleichten, fröhlichen Stunden, wo alles spielerisch zu gelingen schien. Manches Erlebnis haben wir ersehnt und herbeigewünscht, anderes gefürchtet und mit Zittern erwartet. Aber es gab auch die Augenblicke unerwarteten Glücks, die wir uns nicht als Verdienst anrechnen konnten, weil sie reines Geschenk waren. Die Rückschau kann uns zur Einsicht bringen, wie nötig uns die schweren wie die leichten Zeiten waren. Das Geplante wie das Ungeplante hat nun seinen Platz gefunden, die Schrecken und die Beseligungen haben Spuren hinterlassen. Wir haben geruhsame Zeiten nötig, und manchmal muss es die Stromschnellen geben. Vielleicht sind es in unserem Leben nur eine „Handvoll" wichtige Stunden, die für unser Dasein entscheidend waren und Geschichte gemacht haben. Im Nachhinein mögen wir noch ein Nachbeben spüren, was da alles auf dem Spiele stand.

Alles, was lebt, braucht Zeit, um wachsen und sich entfalten zu können. Die uns geschenkte Zeit ist ein dauerndes Angebot zur Ausfaltung unserer Eigenart. Wir müssen eine Menge Geduld aufbringen, weil das Wachstum nicht künstlich beschleunigt werden darf: Erst wenn die rechte Zeit da ist, kann sich das ereignen oder kann das getan werden, was jetzt fällig ist. Die Vorgänge des Wachstums sind unscheinbar, kaum wahrnehmbar. Wer zuschauen will, wie es vorangeht, wird den Eindruck bekommen, dass sich gar nichts ereigne. Aber das Wachstum macht nur keinen Lärm. – Es ist auffällig, wie häufig Jesus bei seiner Verkündigung Wachstumsgleichnisse erzählt hat. „Ein Mann wirft den Samen auf die Erde. Nun schläft er und wacht auf, es wird Nacht und wieder Tag. Und der Same sprosst auf und macht sich lang, wie denn? Er weiß es nicht. Von selber trägt die Erde Frucht: erst Halm, dann Ähre, dann das volle Korn in der Ähre. Und wenn es die reife Frucht zulässt, dann sendet der Mann die Sichel, die Ernte ist da.“ (Markus 4,26–29)

Es ist vielleicht ein besonderes Kennzeichen der Lebenskunst, wenn ein Mensch die unterschiedlichen Angebote der Zeit annehmen und dankbar in sein Leben einbringen kann. Vor allem die unmittelbare Gegenwart, das Hier und Heute, muss ergriffen und durchlebt werden. Das Vergangene ist nicht völlig vorüber, weil wir es durch unsere Erinnerung wieder herbeirufen können; das Künftige ist nicht völlig abwesend, weil wir vorausträumen und das Herankommende schon ahnen und planend vorwegnehmen können. Wirklich zu eigen ist uns doch nur dieses hauchdünne Etwas, das so winzig und vergänglich ist, dass niemand es messen kann, obwohl es uns doch trotzdem riesige „Zeiträume" erschließt.

Von Conrad Ferdinand Meyer werden wir aufgefordert, jede uns gewährte Zeit als kostbare Gabe anzunehmen:

„Jedes Ding hat seine Zeit,
Jede Zeit hat ihren Segen,
Lass dich innig nur bewegen
Fremdes Leid und eignes Leid!
Trägst du heut' ein Trauerkleid,
Kommt der Tag, es abzulegen;
Jede Zeit hat ihren Segen,
Jedes Ding hat seine Zeit."

Otto Betz

Den Tag beenden

Mit der Zeit umgehen lernen, Tage, Stunden und Augenblicke ausschöpfen und so sich mit den Grenzen der Zeit befreunden. Jedem Tag sein eigenes Recht geben; dem Spiel, dem Gespräch, den Plänen, dem Werk, der Fröhlichkeit, dem Nachdenken und dem Schlaf seine eigene Schönheit und Schwere lassen, und so auch den letzten Tag mit Vertrauen durchleben.

Nach Möglichkeit nichts tun, dessen Wiederholung man nicht wünschen könnte. Allabendlich jeden Streit beenden, ehe die Sonne untergeht, und nichts Ungeordnetes durch die Tage und Wochen schleppen. Denn man holt, was man in Jahren versäumt hat, nicht in Stunden auf. Anderen ihre Schuld vergeben und Vergebung für die eigene Schuld erbitten und dies so, dass es nichts Ungewöhnliches, sondern etwas Tägliches ist. Darauf vertrauen, dass man Vergebung empfangen hat, von Gott und den Menschen, und dafür danken.

Jede besonders hohe Meinung über das eigene Leben, das eigene Wesen, das eigene Werk abbauen, Stück um Stück. So lange abbauen, bis kein Mensch mehr denkbar ist, auf den man herabsehen könnte. Wenig von aller Leistung halten und lächeln über den Stolz, der nicht loslassen will. Alles Vergleichen mit anderen aufgeben. Was verglichen werden kann, ist weder den Eifer noch die Angst wert. Dass man nicht schlechter sei als die andern, ist der Rede nicht wert. Dinge, Geld und Einfluss immer gelassener weggeben. Am Ende wird an ihnen nur dies noch wichtig sein, ob wir sie weggeben konnten.

Von einem Rückblick zum andern mit weniger Wehmut, mit mehr Genauigkeit und mehr Dankbarkeit zurücksehen. Jeden Tag, jede Woche, jedes Jahr im Rückblick prüfen. Man muss geübt sein, das zu tun, wenn man in seiner letzten Stunde gezwungen ist, zurückzusehen und zusammenzuzählen. Man kann es nicht von selbst, sowenig wie eine Fremdsprache, die man zum erstenmal buchstabiert.

Jörg Zink

Ein weises Herz gewinnen

Jeder Tag ist ein ganzes Leben. Er ist zählbar und unermesslich zugleich. „Lehre uns unsere Tage zählen, dass wir ein weises Herz gewinnen." – Den Tag gilt es wahrzunehmen. Der Tag will ausgeschöpft sein. Und der Tag macht uns deutlich, dass er ein Ende hat. Solches erkennt ein weises Herz. – Wir leben in einer Fülle von begrenzten Möglichkeiten. Wir bewegen uns in einem zeitlich gegliederten Dasein. Es legt sich uns nahe, das Lied des gelingenden Tages anzustimmen. Und zugleich klingt das Weh des Vergehens ihm nach.

Was also ist unsere Weisheit? Unsere Weisheit ist, die Zeit wahrzunehmen, die uns gegeben ist. Und zwar mag dies geschehen in einer rechten und förderlichen, der uns gegebenen Zeit gemäßen Weise. Dabei hat das „Wahrnehmen" in unserer Sprache einen schönen doppelten Sinn. Zum einen läßt es uns sehen, was wir da vor uns haben an diesem eben begonnenen Tag. Zum anderen weist es uns an, dass wir umgehen können mit diesem uns anvertrauten Tag. Auf beiderlei Weise nehmen wir ihn wahr.

Aber jeder uns zugezählte Tag kann unser letzter sein. Jeder der Tage gewinnt, sobald er beginnt, das Gewicht eines ganzen Lebens. Jeder Tag ist –

wie ein ganzes Leben – hoch zu achten. Darin steckt Weisheit. Denn der Tag gleicht einer Harfe mit einer Anzahl von Saiten, auf der wir das Lied des Lebens spielen.

Die Spanne,
die mir bleibt.
Die Zeit,
mir zugemessen.

die Zahl
meiner künftigen Schritte.
Die wartenden
Schläge des Herzens.

Die vorbehaltenen
Züge des Atems.
Die Chance
ungedachter Gedanken.

Die Frist
ungelebter Gefühle.
Der Raum
für gesammelten Dank.

Wolfgang Dietrich zu Psalm 90,12

Am Ende

am ende loben können
der tag ist grau
die zeitung
voll dunkler nachrichten

am ende loben können
der abschied steht
in den augen
die hände sind feucht

am ende loben können
noch einmal der
blick zurück
keineswegs alles heil

am ende loben können
weil es dich
in allem gibt
GOTT

Wilhelm Bruners

Dir sei Lob

O Gott, dir sei Lob,
wenn die Nacht dunkelt,
und dir sei Lob,
wenn der Tag funkelt,
dir sei Lob
in jener Welt wie in dieser,
dir sei Lob,
so viel es Sterne gibt am Himmel,
dir sei Lob,
so viel als Regen du sendest vom Himmel,
dir sei Lob,
so viel es Tropfen gibt in den Meeren,
dir sei Lob,
so viel es Bäume gibt und Blätter,
Staub, Erde und Kieselsteine,
Menschen und Geister, Vögel und Getier,
Löwen, Vieh und Insekten,
dir sei Lob,
so viel auf Erden lebt und unter der Erde
und in der Luft und im Himmel!

Aus dem Islam: Husain ibn Ali, 7. Jh.

Was ist der Mensch?

Herr, unser Herrscher,
wie herrlich, dass du da bist,
dass wir in deinen Händen wissen
Himmel und Erde!
Aus dem Lobpreis der Schwachen
und der Hilflosen baust du eine Mauer,
an der deine Feinde scheitern.

Wenn ich den Himmel sehe,
das Werk deiner Finger,
den Mond und die Sterne,
die du geformt hast – was ist der Mensch,
dass du an ihn denkst,
was ist das Kind eines Menschen,
dass du es lieb hast?
Du hast ihm fast die Würde
eines himmlischen Wesens gegeben.
Mit Schönheit und Adel hast du ihn gekrönt.
Du gabst ihm den Auftrag,
Herrscher zu sein über alles,
was du geschaffen hast.
Alles legtest du ihm zu Füßen:
Schafe und Rinder
und die wilden Tiere überall,
die Vögel unter dem Himmel,

die Fische im Meer
und was immer im Meer sich bewegt.

Herr, unser Herrscher,
wie herrlich, dass wir dich kennen,
wie gut, dass du da bist!

Die Bibel: Psalm 8 übertragen von Jörg Zink

In deinem Licht sehen wir das Licht

Gott, deine Güte reicht,
so weit der Himmel ist,
und deine Wahrheit,
so weit die Wolken gehen.
Wie die Berge fest stehen über den Tälern,
steht deine Gerechtigkeit
fest über der Welt.
Wie das Meer unendlich sich breitet,
so ohne Grenzen ist deine Macht.

Wie kostbar ist deine Güte, o Gott.
Bei dir finden wir Menschenkinder Schutz.
Wir werden satt von den reichen Gütern,
die deine Erde darreicht,
und du tränkst uns mit Wonne
wie mit einem Strom.
Denn bei dir ist die Quelle des Lebens,
und in deinem Lichte sehen wir das Licht.

Die Bibel: Psalm 36,6–10 übertragen
von Jörg Zink

Ihm danken – ein Fest

Gut ist es, Gott zu preisen,
schön, ihm zu singen, zu spielen,
ihm zu danken ein Fest.

Denn er ist hoch über aller Welt.
Er hat die Zahl der Sterne bestimmt
und ruft sie alle mit Namen.

Groß ist er und reich an Kraft,
unergründlich ist seine Weisheit,
seine Nähe wunderbar.

Er heilt die zerrissenen Herzen
und ihre Leiden
und hilft den Gebeugten auf.

Darum danken wir ihm
mit unseren Liedern
und spielen auf Instrumenten.

Er bedeckt den Himmel mit Wolken
und schenkt der Erde den Regen.
Gras wäschst auf den Bergen.

Er gibt den Tieren Nahrung,
den jungen Raben,
die nach ihm rufen.

Er hat kein Wohlgefallen
an Menschen, die stolz einherschreiten,
die wie Kriegsrosse sich gebärden.

Ihm sind die nahe,
die sich ihm auftun,
seine Güte zu empfangen.

Die Bibel: Psalm 147 übertragen von Jörg Zink

Alles, was lebt, singe mit

Alles, was ist, soll einstimmen
in ein Lied der Freude an Gott.
Stimmt ein, singt mit,
alle, die oben sind, in der Höhe!
Singt mit, ihr Engel
und das ganze Heer
seiner himmlischen Diener.
Singt mit, Sonne und Mond!
Singt mit, ihr leuchtenden Sterne.
Singt mit, ihr Welten,
die Gottes Wohnung sind.
Singt mit, ihr unendlichen Räume im All.
Rühmt den Herrn, ihr sein Werk.

Stimmt ein, singt mit,
alle, die ihr unten auf der Erde seid,
bis hinab zu den Ungeheuern
in der Tiefe des Meeres!
Singt mit, ihr Gewitter und Hagel!
Singt mit, Schnee und Nebel!
Sing mit, du Sturmwind,
der seinen Willen ausrichtet!
Singt mit, ihr Berge und Hügel,
ihr Fruchtbäume und ihr Zedern,
ihr wilden Tiere und ihr Tiere im Haus!

Singt mit, Würmer und
gefiederte Vögel!

Stimmt ein, singt mit,
ihr Könige der Erde und ihr Völker alle!
Ihr Fürsten und ihr Richter,
die die Erde ordnen.
Ihr jungen Männer, ihr jungen Frauen,
ihr Greise samt den Kindern!
Rühmt alle Gott,
denn er allein hat die Macht.
Seine Hoheit glänzt über der Erde
und über dem Himmel.
Er wird seinem Volk Kraft geben
und sein Glanz wird ein Licht sein
für alle, die ihm zugewandt sind.
Rühmet alle Gott!

Die Bibel: Psalm 148 übertragen von Jörg Zink

Weitere Abendhymnen finden Sie S. 24 (Gebet der Inka) und S. 25–33 (Sonnengesang des Franz von Assisi).

AN DER SCHWELLE ZUR NACHT

Es ist nicht leicht, in unserer lauten, oft so grellen Welt einen Ort zu finden, wo du bewusst erleben kannst, wie der Abend sich langsam herabsenkt. Das allmähliche Eindunkeln trägt etwas sehr Behutsames in sich. Es ist, als klopfe die Nacht zuerst vorsichtig an, bevor sie die Welt in Besitz nimmt, als lasse sie uns Zeit, uns innerlich auf das Dunkel einzustimmen. Die Dämmerung ist die tägliche Einladung an uns, langsamer zu werden und nach und nach die Dinge des Tages aus der Hand zu legen.

Antje Sabine Naegeli

Das Land ruht abendweit
unter dem dunklen Dach
der Nacht
und atmet tief
und dämpft das Leid,
das noch den Tag entlang
still mit Dir ging.
In Gottes Nachthand leg es ab.
Sie hüllt es in den Schleier
seines Seins.
Du grüßt den Morgen frei,
der neu Dir tagt.

Juliane Sobing

Ob du dein Ziel
erreicht hast oder nicht,
lass es gut sein.
Klopfe den Tag
von den Füßen.
Die Nacht fragt nicht
nach deiner Leistung.
Ob viel, ob wenig,
gib es aus der Hand.
Sieh es als dein Recht an,
die Dinge ruhen zu lassen
und still zu stehen.

Antje Sabine Naegeli

Um zur Ruhe zu finden, ist es wichtig, sich bewusst vom Tag zu verabschieden. Hilfreich ist es, wenn wir einen Übergangsritus finden, den wir möglichst regelmäßig vollziehen: Die Uhr vom Handgelenk streifen, eine Kerze anzünden, eine Tasse Tee genießen, eine zarte Musik hören, einen kleinen Spaziergang machen, oder was immer uns helfen mag, Abstand vom Tagesgeschehen zu gewinnen.

Je besser es uns gelingt, eine Schwelle zwischen Tag und Nacht zu setzen, desto nachhaltiger werden wir die Wohltat des Feierabends erfahren.

Antje Sabine Naegeli

Beachten Sie auch den Vorschlag von Pierre Stutz S. 42.

Noch einmal schaue ich
dem vergehenden Tag nach
und sammle, was gut war,
in meine Erinnerung.
Fragen bleiben zurück.
Ich weiche ihnen nicht aus.
Ich gebe das Ungelöste
aus der Hand.
Ich schließe Frieden
mit diesem Tag,
wo er hinter meiner Erwartung
zurück blieb,
Frieden mit meinen Grenzen.
Dich suche ich,
du große Kraft,
die mich durch meine Tage
und Nächte trägt.
Lass mich aufgehoben sein in dir,
wenn der Schlaf mich mit sich nimmt
einem neuen Morgen entgegen.

Antje Sabine Naegeli

Dem Tag verzeihen,
dass er sein Versprechen
nicht gehalten hat.
Die Tür hinter ihm schließen.
Mich tragen lassen
ans Ufer der Nacht.
Den Schlaf erwarten
wie einen Freund
und vielleicht
meinem Engel begegnen.

Antje Sabine Naegeli

Die Glut des Abends,
die sich leis verströmte,
in grauen Wolken
mildes Licht entfacht.
In dem der Himmel
und die Erde sich versöhnen,
gemeinsam hüllen
in das Tuch der Nacht.
Das alles deckt,
auch das, was schmerzte
im grellen Licht des Tags,
was bitter war.
Sei still
und lösch das Licht der Kerze
und hol im Traum dir Kraft
für einen neuen Tag.

Juliane Sobing

Es ist ein Stück Lebenskunst, die ganz alltäglichen Dinge bewusst zu tun. Wo wir sie allzu selbstverständlich vollziehen, geht uns die Erfahrung verloren, dass es nicht nur den täglichen Trott, sondern auch das tägliche Beschenktsein gibt. Welche Wohltat etwa bedeutet es, nach den Anforderungen des Tages ruhen zu dürfen, sich einzuhüllen in die wärmende Decke und sich vom Schlaf in die Welt der Träume führen zu lassen. Ganz ohne unser Zutun, ohne unsere Anstrengung erneuert der Schlaf unsere körperlichen und seelischen Kräfte.

Antje Sabine Naegeli

So soll es sein,
dass die Nacht dich befreit
von der Last schwerer Gedanken
und der Schlaf dich
in sein schützendes Zelt nimmt.

So soll es sein,
dass deine Träume
dir Trost wissen
und der Engel
ein Heilwort spricht.

So soll es sein,
dass die Nacht
dir Frieden bringt
und Zuversicht erwacht,
während du im Schlaf liegst.

Antje Sabine Naegeli

Fürchte dich nicht
vor den dunklen Stunden,
denn auf jede Nacht
folgt ein Tag.
So wie uns die Nacht hilft,
neue Kräfte zu sammeln
für all das,
was uns am kommenden Tag
abverlangt wird,
so können wir auch hoffen,
dass unsere Traurigkeiten
ein Rückzug unserer Seele sind,
um in der Stille
neuen Lebensmut wachsen
und aufbrechen zu lassen,
dem Licht eines neuen Morgens
entgegen.

Christa Spilling-Nöker

Ich wünsche dir,
dass dich in der Nacht
ein Engel leise berührt,
dass er helle Bilder
in deine Träume senkt
und dich mit den
Quellen des Lichts
in deiner Seele
in Berührung bringt,
damit die Zukunft
dir mit Freude
und Frieden
entgegenströmt.

Christa Spilling-Nöker

Möge ein Engel vor dir hergehen
und dir die Richtung weisen,
in der du Erfüllung findest
Schritt für Schritt.

Möge ein Engel hinter dir stehen,
um dir den Rücken zu stärken,
damit du aufrecht
und wahrhaftig leben kannst.

Möge dich ein Engel begleiten,
zu deiner Rechten und zu deiner Linken,
damit du bewahrt bleibst
vor den Angriffen derer,
die es nicht gut mit dir meinen.

Möge ein Engel unter dir stehen,
um dich zu tragen,
wenn du keinen festen Boden
mehr unter dir spürst.

Möge ein Engel in dir sein,
um deine Tränen zu trocknen
und dein Herz
mit dem Licht der Zuversicht zu erhellen.

Möge ein Engel über dir sein,
um dich zu behüten

vor den alltäglichen Gefahren,
damit kein Unheil dein Leben bedroht.

Mögen dich alle Engel des Himmels
mit ihrem Segen erfüllen und umhüllen
an allen Tagen deines Lebens
und in jeglicher Nacht.

Christa Spilling-Nöker

Die Dunkelheit ertragen,
zulassen können
die durchweinten Nächte
und grauen Tage,
die Müdigkeit,
die hinabziehen will
in die ewige Nacht.
Irgendwann
zeigt sich wieder
ein Licht am Horizont,
werden Konturen sichtbar
von Bäumen und Gräsern,
von Hoffnung und Zuversicht.
Mit geweiteten Armen
wartet der neue Tag
auf dich.

Christa Spilling-Nöker

Manchmal,
über Nacht,
erwacht eine Quelle
zum Leben.

Manchmal,
über Nacht,
beginnt es zu grünen
am kahlen Zweig.

Manchmal,
über Nacht,
bringt ein Traum
dir das Licht zurück.

Manchmal,
über Nacht,
hat dich
ein Engel besucht.

Antje Sabine Naegeli

Große schöne Nacht,
birgst mich
in deiner Höhle.
Sammelst
die verstreute Herde
meiner Gedanken,
sie heimzuführen
ins Schweigen.
Tröstend grüßen mich
meine Freunde, die Sterne,
bereit, mich mitzunehmen
auf den Traumpfad.

Antje Sabine Naegeli

Mich wundert's,
dass die Sterne
nicht müde werden,
uns zu leuchten,
obwohl die Menschen
keine Zeit mehr
für sie haben
und keine Sprache,
ihnen zu antworten.
Vielleicht
haben sie die Hoffnung
nicht aufgegeben,
dass wieder Augen sich öffnen
für das Wunderbare.

Antje Sabine Naegeli

Träume

Im Mondlicht
schmückt sich die Nacht
das Meer
ist ihr Spiegel

Schön ist die Nacht
aus Samt und Seide
ihr Kleid
bestickt
mit goldenen Sternen

Wenn alle schlafen
umarmt die Nacht
jedes Haus
öffnet Türen und Herzen
und erzählt
wahre Märchen

Tausend und eins

Anne Steinwart

Wie gestern heute wie morgen

Kein Sterntalerland
auf der Erde.
Nur
Menschenkinderträume
von Dornröschen
Froschkönig
und einem Weg
durch die
Dornenhecke.
Über uns
der Sternenhimmel.

Anne Steinwart

Heilkraft Schlaf

Überanstrenge dich nicht. Überspanne nicht deinen Willen. „Den Seinen gibt er's im Schlaf." Der Schlaf ist die Phase der Empfänglichkeit. Er unterbricht das scharfe Bewusstsein. Er stellt sich zwanglos ein. Dem Willen bleibt er unzugänglich. Das tut ihm gut. Er hat die Qualitäten eines Freundes. Sacht legt er die Hand auf die Schulter. Oder auch er überkommt unversehens auf unmerkliche Art.

Der Schlaf hat einen Vertrag mit der Nacht. Aber er nistet sich auch im Tage ein. Er bespricht sich mit der Müdigkeit. Wenn es ihr zuviel wird, kommt der Schlaf. Die Angriffe, ihn abzuschaffen, wehrt er gelassen ab. Er dreht sich um und schläft weiter. Schläft der Schlaf? Gibt er acht, was innerhalb seiner vor sich geht? Nimmt er staunend wahr, was während seiner selbst geschah?

Der Schlaf hüllt in weiche Tücher. So übt er doch eine Tätigkeit aus. Aber sie ist überaus gelinde. An Leistung denkt er nicht. Er hilft Gedanken auf, die sich dem Willen verweigern. Leicht lösen sie sich vom Grund. Wie schaukelnde Luftgebilde in einem Brunnen steigen sie auf. – „Den Seinen gibt er's im Schlaf." Wie sollten Schlafende nicht zu den Seinen gehören?

Der Schlaf ist
der große Erquicker.
Viele vermissen ihn,
den wohlgerundeten
durchgeatmeten
Schlummer
unter der dunklen,
ruhigen Kuppel
der Nacht.
Es mangelt
an Schlaf.

Segne,
o Hüter des Schlafs
und Spender des Atems,
die Darbenden.
Schicke ihnen
die sanften Kräfte
der Nacht und
lasse sie bald
ihre Erquickung
finden im klaren
und unwandelbaren
Gang der Gestirne.

Wolfgang Dietrich zu Psalm 127, 2